Quintais de passarinho

Gabriel Monnerat

2021

In Media Res
Nova Friburgo - RJ

Capa: In Media Res
Diagramação: Kiki Gurjão
Revisão: Ana Beatriz Manier

Dados Internacionais de Catalogação na Publicação (CIP)
(Câmara Brasileira do Livro, SP, Brasil)

M748q
Monnerat, Gabriel
Quintais de passarinho / Gabriel Monnerat - 1ª edição - Nova Friburgo – RJ
In Media Res, 2021
160 p.

ISBN: 978-65-994162-6-2
1. Pássaros 2. Passarinheiros 3. Fotografia de pássaros 4. Cordeiro.
5. Cantagalo I. Título

CDD: 333.72

Educatoris Instituto de Educação Multidisciplinar Ltda
Rua Abdo Abi-Ramia, 81
28630-090 - Nova Friburgo – RJ
www.inmediares.com.br

Aos meus avós
Annita, Amadeu e Dinorah,
pelo apoio incondicional.

Em memória do meu avô Aluízio,
que alimentava os passarinhos e
me ensinou, desde cedo, a gostar da liberdade deles.

Eu fui aparelhado para gostar de passarinhos.
Tenho abundância de ser feliz por isso.

Manoel de Barros

Apresentação

Muitas pessoas, em todo mundo, dedicam-se à atividade de passarinhar como passatempo ou atividade de pesquisa. Em 2015, comecei a fotografar, tendo a natureza como meu principal campo para a captura de imagens. A partir de 2018, passei a me dedicar de forma mais objetiva à fotografia de aves, e a prática de passarinhar foi incorporada à minha rotina. Apesar de visitar diferentes locais com esse objetivo, passarinhar nos arredores da minha casa é uma atividade constante, o que me permite um olhar atento à avifauna urbana e rural. Sendo assim, o volume de espécies fotografadas nesse ambiente foi se tornando significativo e permitiu novos olhares para a diversidade biológica com a qual interagimos no dia a dia.

Durante esse tempo, tenho publicado minhas fotos nas redes sociais e também escrito uma coluna para um jornal digital onde divulgo as ações de passarinhar e algumas das espécies fotografadas. Já esse livro nasceu com o propósito de chamar a atenção para as aves que dividem espaço conosco nas áreas urbanas e nas áreas rurais próximas. Com as restrições sanitárias impostas em 2020 e 2021, que impossibilitaram a locomoção para cidades ou regiões mais distantes, a prática de passarinhar ficou restrita ao município de Cordeiro, onde moro, e ao de Cantagalo, que é extremamente próximo. Esse fato ampliou o meu acervo de registros da avifauna urbana e permitiu que boa parte das fotos aqui publicadas fossem obtidas durante esse período. Isso prova que não é preciso viajar longas distâncias em busca de uma boa foto ou de um passarinho pouco conhecido por nós. Os nossos quintais, ruas e bosques urbanos são convites a uma constante descoberta.

Além do caráter artístico proporcionado pelas fotos cuidadosamente selecionadas, o livro tem o objetivo de divulgação de informações básicas sobre algumas famílias e espécies, como o padrão da plumagem, a alimentação e o habitat. Acreditamos, assim, poder auxiliar na identificação dos pássaros observados, ao menos em um nível básico. Além das fotos e dessas informações, incluímos, quando possível, um QRCode que irá direcionar o leitor para um link onde estará disponível a vocalização daquele pássaro. Aproveito para ressaltar que essas vocalizações também foram captadas e gravadas por mim.

Cordeiro e Cantagalo são cidades da região centro-norte fluminense privilegiadas por apresentarem um bom índice de arborização, contando com muitas casas que preservam quintais também arborizados, além de apresentarem estratos florestais próximos aos núcleos urbanos e rurais. Cordeiro, em particular, conta ainda com uma floresta no centro da cidade, de fácil acesso à população, presente na área da APA da Mata do Posto Zootécnico (área pertencente ao estado e tradicionalmente conhecida por sediar a centenária Exposição Agropecuária). Nesse contexto, o conhecimento das aves que coabitam a cidade com os moradores, proporciona maior integração e respeito com esses seres alados.

Com esse trabalho, faço um convite ao leitor para que também se torne um observador de pássaros. Além das dicas simples apresentadas adiante, que podem ser seguidas por todos, no final do livro há uma lista das espécies contidas nele, para que possam ser marcadas aquelas que o leitor observar. Ressalto que essas são espécies, nativas ou não, que habitam a Mata Atlântica, sem serem exclusivas das cidades aqui consideradas. Dessa forma, o leitor pode, e deve, procurá-las em outras cidades, regiões e passeios.

Para organização das fotos, reunimos as aves registradas por famílias zoológicas apresentadas em ordem alfabética, sem critério evolutivo.

Importância da preservação de áreas verdes no contexto urbano

Os pássaros são elementos naturais festivos. Através de suas cores, seu canto e movimentos de bailado, eles preenchem todos os espaços físicos naturais, além de povoar o imaginário popular com lendas, música e poesia. Por crescermos com pássaros ao redor, seus cantos melodiosos podem despertar em nós lembranças dos momentos e espaços que compartilhamos com eles por toda nossa vida. Não há criança que não se encante com um passarinho, ou adulto que não se permita interromper a correria diária para uma olhada, mesmo que rápida, para um par de asas cortando o céu. Os pássaros nos lembram que a vida é cor, som e movimento. Por isso exercem fascínio sobre nós.

Mas onde encontrar os pássaros? É preciso embrenhar-se em uma floresta, contemplar um vasto campo, pendurar-se em um penhasco ou desbravar brejos e pântanos? Não há dúvida de que em cada um desses ambientes uma diversidade colorida deles estará a nossa espera. Mas eles, os pássaros, se espalham por todos os ambientes, inclusive por aqueles alterados pela ação humana. Por isso, mesmo em uma cidade, em meio ao ir e vir de veículos e pessoas entre tantas construções, os pássaros são também encontrados. A questão é que, nas rotinas que definem nosso dia, nem sempre sobra tempo e espaço para que o olhar descubra tudo o que nos rodeia. Além disso, o ruído produzido pelas atividades humanas nas áreas urbanas pode abafar o melodioso canto desses animais. A boa notícia é que podemos trazer as aves de volta às nossas cidades, criando áreas verdes que possam lhes servir de refúgio e preservando as que já cumprem esse papel. Precisamos entender e defender projetos de urbanização que sejam generosos e comprometidos com a criação e manutenção de parques que forneçam respiros naturais às cidades e seus bairros, permitindo à humanidade se reconectar com sua essência natural, guiada muitas vezes pela presença das aves.

Estando numa cidade povoada de pássaros, é preciso reconhecer e mapear suas ruas arborizadas, seus parques, jardins, quintais e suas florestas urbanas, quando elas existirem. Em cada uma dessas áreas, precisamos identificar as fontes de alimentos que podem provir da própria flora para nutrir e abrigar as aves. A relação entre os pássaros e a flora é íntima, interligada e interdependente. Enquanto a flora lhes serve de alimento e abrigo, os pássaros se prestam ao serviço de polinização, dispersão de sementes e controle biológico de pragas. Uma cidade sem área verde é fadada a meros barulhos urbanos. Uma cidade sem pássaros é sem cor e sem som, com uma flora empobrecida e artificial.

Por sorte, muitas cidades do interior fluminense ainda guardam certo grau de arborização e, nesse contexto, focamos o nosso olhar fotográfico nas cidades de Cordeiro e Cantagalo. As aves fotografadas foram observadas em quintais e ruas arborizadas, na área rural e em estratos florestais urbanos (a Mata do Posto Zootécnico, em Cordeiro, e o Horto Florestal Estadual, em Cantagalo). Com isso, pretendemos demostrar que as aves aqui apresentadas coabitam essas cidades conosco. Para percebê-las, ouvi-las e encontrá-las, basta um olhar atento ao ambiente e aos cuidados necessários à sua preservação.

É preciso considerar também a possibilidade de potencializar a ocorrência de aves nesses espaços, promovendo uma flora bem diversificada e assumindo uma posição ativa em relação ao habitat delas, semeando e cuidando de frutíferas que lhes sirvam de alimento e lhes garantam, assim como a nós mesmos, um ambiente saudável de convivência mútua. A arborização urbana e a manutenção de pomares nas áreas rurais devem priorizar as espécies que possam atrair os pássaros, garantindo maior equilíbrio ambiental.

Observação de aves

A atividade de passarinhar, ou no termo original em inglês, *bird watching*, tem se tornado muito difundida e importante no que diz respeito ao conhecimento e preservação do meio ambiente. A atividade de observação de aves acontece tanto pelo prazer da observação quanto para o registro fotográfico e estudo das espécies, sendo praticada por profissionais de diferentes áreas de formação e ocupação.

A observação de aves vai muito além do simples olhar, ela envolve questões entre o homem e o ambiente, bem como as diversas formas de entender e conhecer as integrações existentes nesse contexto. Para uma boa prática, é necessário o conhecimento do local a ser explorado, sua geografia, seu relevo, a incidência solar e a avifauna a ser encontrada, para que a passarinhada se torne proveitosa. É preciso, por exemplo, entender os períodos frutíferos do ecossistema onde se pretende fazer a observação. Vale também uma pesquisa prévia sobre algumas espécies locais, para identificar seus hábitos e saber melhor qual período do dia para observá-las, ou seu tipo de alimento preferido. Além disso, devemos considerar que para a observação de aves é imprescindível o silêncio, assim como movimentos calmos, gerando o mínimo de ruído possível.

Para quem não dispõe de uma ampla bibliografia de apoio para auxiliar no reconhecimento das aves, um bom recurso é o site colaborativo wikiaves (www.wikiaves.com.br), criado em 2009, e que tem contribuído para que essa prática seja mais difundida no Brasil. Atividade essa que era restrita a pequenos grupos de atuação, mas que tem evoluído para uma quantidade significativa de novos observadores, colocando o país como um dos expoentes nessa prática. Esse site permite ao usuário cadastrar fotos e sons de espécies de aves por localidades presentes no Brasil e tem ajudado muito em pesquisas e ações de reflorestamento e preservação ambiental.

Quanto à observação de aves, podemos adotar algumas técnicas úteis que vão além do prévio conhecimento do ecossistema e da avifauna local, e que facilitam bastante o trabalho dos que se iniciam nessa atividade. Entre elas, destacamos duas muito utilizadas por observadores e que possibilitam o registro sonoro e fotográfico dos pássaros: o playback e a ceva.

O playback consiste em colocar o canto ou o chamado de uma determinada ave para atraí-la. Ou ainda colocar o chamado de certa ave que tenha potencial para atrair uma gama variada de outras aves. Utilizar o chamado do sabiá, por exemplo, é um bom recurso dessa prática em áreas de Mata Atlântica, pois seu canto acaba atraindo aves de diferentes espécies. Um playback de saíra, por exemplo, ajuda a chamar as próprias e também os beija-flores. Mas é preciso fazer uso dessa prática com respeito, sem exposição exagerada, para que não acabe incomodando e espantando as aves locais. Recomenda-se que seja priorizado o uso do chamado da própria espécie que se pretende fotografar, uma vez que muitas espécies são territorialistas e o canto de uma ave diferente pode afastá-las.

A ceva, por sua vez, se resume a colocar alimento – na sua grande maioria frutas e sementes – em quintais, praças e parques para que as aves sejam atraídas para esses locais. Com essa prática, o animal acaba aparecendo sempre no mesmo lugar para se alimentar, o que facilita sua observação e fotografia. Muitas vezes, essa prática faz com que o pássaro se aproxime sem o uso de playback.

Cabe aqui uma consideração para que essa prática seja usada com parcimônia. O ideal é que as aves se alimentem dos frutos naturalmente disponíveis em seu habitat, e que esse esteja sempre preservado, com abundância de alimentos, para que a observação aconteça de forma natural, com menor interferência humana possível.

Tendo em em mente ambientes urbanos e rurais, uma boa prática de arborização das áreas, com a propagação de frutíferas, palmeiras e arbustos, já contribue de forma natural para atrair a avifauna, constituindo-se na ideia de uma cadeia simples: plantamos uma frutífera, uma ave ou animal se alimenta dela, dispersa a semente e, assim, o ambiente vai se renovando.

Na região serrana fluminense, temos locais que se destacam para a prática de observação de aves. São eles: o Parque do Caledônia, no município de Nova Friburgo (com altitude variando entre 1000m e 1220m, que possibilita a observação de aves de altitude); o Parque Estadual do Desengano, no município de Santa Maria Madalena; o Parque Estadual da Serra dos Órgãos (que abrange os municípios de Petrópolis e Teresópolis) e o Parque Estadual dos Três Picos (que corta os municípios de Teresópolis, Nova Friburgo, Cachoeiras de Macacu, Guapimirim e Silva Jardim). Esses parques estaduais se destacam por suas elevações e bom estado de preservação ambiental, o que faz com que possamos encontrar uma gama significativa de aves. Em áreas urbanas, podemos citar o Parque São Clemente, em Nova Friburgo, a Floresta Estadual José Zago, em Trajano de Moraes, e a APA da Mata do Posto Zootécnico, em Cordeiro. Essa última, um dos locais visitados para a realização de muitas das fotos que compõem esse livro.

Reforçamos que, apesar de todas essas possibilidades de exploração fotográfica na região serrana do Estado do Rio de Janeiro, o foco desse livro se prende à avifauna observada nas cidades de Cordeiro e Cantagalo, por conta das restrições de circulação impostas pelas medidas de segurança sanitária nos anos de 2020 e 2021.

Equipamentos

Para captação das imagens, utilizei a câmera Nikon DSLR (câmera profissional que permite cambio de lentes) com lente Sigma telefoto 70 - 400mm, que com seu alcance de zoom, permite fotos mais aproximadas, sem perda de nitidez ou qualidade. Essa lente possui estabilizador, que evita o efeito de foto tremida, ou seja, estabiliza o motor de foco e o foco, tornando a ação mais eficiente e rápida, recomendada para esse tipo de fotografia. Para captação de áudio, usei equipamentos de entrada, como um gravador portátil de mão, que permite gravações em formato cru (WAV), sem compressão e perda, e um microfone externo básico, que possibilitou um pouco de ganho de qualidade.

Em relação às câmeras, são boas as opções digitais superzoom, por conta do alcance elevado de sua lente, servindo tanto à fotografia quanto à filmagem. Hoje em dia, muitas delas têm funções similares às profissionais, como modo manual, controle de ISO, abertura do diafragma, estabilidade e outros recursos que permitem fotos incríveis. Elas são uma opção mais leve e em conta do que as câmeras mais robustas e cheias de funcionalidade, a um preço mais alto.

Um binóculo também é essencial para quem quer observar as aves. Há uma grande variedade de ofertas no mercado, variando em alcance, qualidade de resolução e custo. Para locais abertos e avistamentos a grandes distâncias, dê preferência a binóculos com maior alcance. Já para o interior de florestas, os binóculos mais simles são bem aplicados.

Os gravadores de áudio portáteis de mão, como são chamados, são suficientes para as gravações de cantos para identificação. Há uma oferta crescente de equipamentos de marcas conhecidas nesse ramo, que fazem boas gravações a custos baixos. Já para quem pretende captar os sons de forma mais apurada, para fins profissionais e ou científicos, há equipamentos profissionais mais caros, com ampla qualidade, como as parabólicas, que consistem em um equipamento semelhante a uma antena, com um microfone no centro (pode ser um simples microfone de lapela, com uma espuma para cortar vento e ruídos). Quando não se tem a parabólica, o recomendado é um microfone do tipo shotgun, ideal para áreas externas (ele é capaz de executar um bom cancelamento de ruídos, com boa captação de graves e agudos).

Para quem tem a filmagem como objetivo, o ideal é optar por câmeras de vídeo que permitam o câmbio da lente e o uso de lentes telefoto. Nesse caso, é necessário considerar o elevado custo do equipamento.

Onde as fotos foram tiradas

Como já informado anteriormente, as fotos foram obtidas nos municípios de Cordeiro e Cantagalo, no interior fluminense. Algumas fotos são de áreas urbanas, outras de áreas rurais e indicadas no texto que caracteriza cada animal.

Cordeiro está localizado na região centro-norte (ou serrana, para vias econômicas), possuindo uma altitude de 485 m (na sede municipal) e cerca de 116 km² de território. O município está inteiramente inserido no bioma Mata Atlântica, e seu relevo é ondulado e chamado de mares de morro. O município é privilegiado por ser cercado de matas e por possuir uma floresta urbana bem preservada na parte central da cidade, inserida na APA da Mata do Posto Zootécnico.

Cantagalo também se localiza na região centro-norte fluminense (ou serrana, para vias econômicas), no interior do Estado do Rio de Janeiro, também possuindo topografia típica de mares de morros. Possui uma extensão territorial de aproximadamente 749 km², estando a sede municipal à 391 m de altitude. O município, que conta com cinco distritos, está inserido totalmente no bioma Mata Atlântica e é atravessado pelo Rio Paraíba do Sul, em sua porção do vale central.

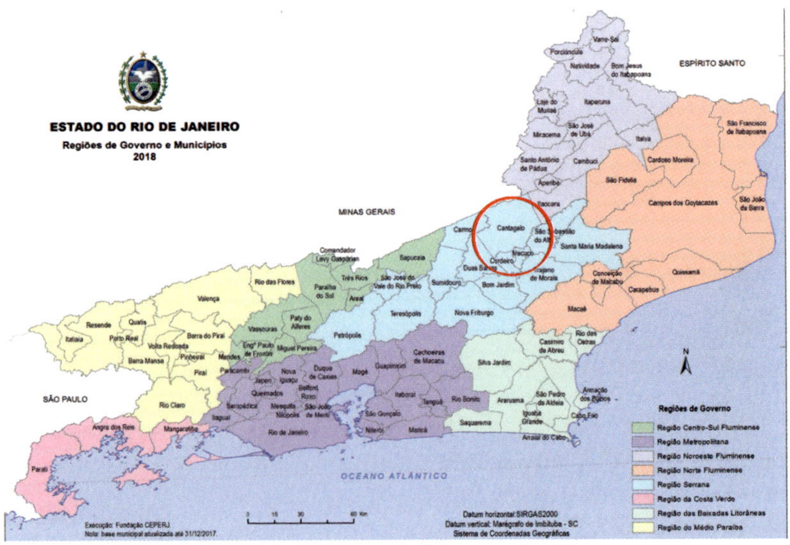

Cantagalo
Cordeiro
Google Earth
2 km

Algumas dicas para passarinhar

Confiantes de que essas imagens irão despertar em você o desejo de passarinhar, compartilhamos algumas dicas para ajudar a desenvolver sua prática.

- Pare, olhe, escute e perceba. As aves estão em todos os lugares e a todo tempo. Silencie o burburinho da correria do dia a dia e comece a perceber as aves que estão ao seu redor, em seu quintal, na sua rua, no trajeto para o trabalho, nas praças, cruzando o espaço de sua janela.
- Você pode escolher um local específico para começar as suas observações. Procure, nesse caso, um local calmo e com vegetação (com árvores, arbustos, palmeiras).
- Observe as aves que surgem nesses locais. Você pode anotar em uma caderneta de campo (ou até no celular) o nome delas, se souber, ou algumas características para pesquisar depois (como a cor das penas, formato do bico, se tem ou não topete, o tamanho).
- Faça o registro fotográfico. Mesmo que não tenha uma câmera profissional, você pode fazer registros com câmeras semiprofissionais ou até celulares, se a distância permitir.
- Procure usar roupas de cores discretas. Estando em uma área florestal, opte por padronagens que permitam se camuflar com o local.
- O silencio é essencial. Uma caminhada silenciosa é fundamental para não espantar as aves.
- Evite totalmente o contato com as aves, inclusive filhotes abandonados ou que pareçam estar sós. Eles costumam ficar sozinhos enquanto os pais vão buscar alimento. O seu papel deve ser apenas de observador.
- Compartilhe suas observações com a comunidade. A atividade de observação de pássaros se fortalece quando é alimenta por múltiplos registros. Você pode participar de sites de informação coletiva, como o wikiaves (www.wikiaves.com.br/wiki), além de criar seus próprios espaços de registros nas redes sociais. Todos esses registros contribuirão para ações de conservação e preservação ambiental.

Ao final do livro, você encontrará um check-list para marcar aqui as espécies listadas que você também observar.

Família ACCIPITRIDAE

Família da ordem ACCIPITRIFORME, numerosa e composta por aves de rapina diurnas, como os gaviões, com garras poderosas e bico adunco. As espécies dessa família são predadoras hábeis, que se alimentam de ampla variedade de presas, tanto vertebradas quanto invertebradas.

Gavião-carijó (*Rupornis magnirostris*)

Coloração: ponta do bico negra, cinza, com peito ferruginoso e com largas estrias verticais; pernas amarelas e cauda barrada de preto e branco; parte inferior da asa bege com finas estrias negras.

Tamanho: 31 a 41 cm

Dimorfismo: não

Habitat: campos e bordas de mata, áreas urbanas, sendo raro em áreas de mata densa.

Alimentação: insetos, roedores, invertebrados e filhotes de outras aves, inclusive nos ninhos.

Foto: Cordeiro. Espécie nativa.

Gavião-bombachinha (*Harpagus diodon*)

Coloração: cinza na parte inferior e cinza-escuro na parte superior; tarsos amarelos e íris que pode variar do castanho ao marrom avermelhado; garganta clara com uma listra escura característica.

Tamanho: 29 a 35 cm

Dimorfismo: não

Habitat: áreas de floresta primária e também secundária ou em florestas deciduais, matas de restinga, áreas urbanas e costeiras marítimas.

Alimentação: insetos e pequenos pássaros, podendo seguir formigas de correição para capturar animais espantados por elas.

Foto: Cordeiro, na APA da Mata do Posto Zootécnico.

Espécie nativa.

Sovi (*Ictinia plumbea*)

Coloração: plumagem na coloração cinza-ardósia; olhos vermelhos; pés laranjas; quando em voo, nota-se a ponta das asas em marrom vivo.

Tamanho: 34 cm

Dimorfismo: não

Habitat: bordas de florestas densas, capoeiras altas e galerias

Alimentação: ataca revoada de formigas, cupins e outros insetos, cobras e lagartos.

Foto: Cordeiro, na APA da Mata do Posto Zootécnico.

Espécie Nativa.

Família ARDEIDAE

Família da Ordem PELECANIFORMES, com aves de porte médio, de pernas, pescoço e bicos geralmente longos, como as garças. Encontram-se com frequência em ambiente aquático, sendo predadoras de espécies variadas, mas com a prevalência de peixes. Formam, com frequência, ninhais numerosos.

Garça-real (*Pilherodius pileatus*)

Coloração: possui o peito amarelo, em contraste com o corpo branco; bico azul com ponta rosa e topo da cabeça negro.

Tamanho: 51 a 59 cm

Dimorfismo: não

Habitat: áreas de rios e lagos com margens florestadas, além de áreas pantanosas.

Alimentação: peixes, anuros e moluscos.

Foto: Cordeiro, na APA da Mata do Posto Zootécnico.

Espécie nativa, migratória.

Garça-branca-grande (*Ardea alba*)

Coloração: corpo coberto por penas brancas, de bico amarelo e pernas negras.

Tamanho: 65 a 104 cm

Dimorfismo: não

Habitat: beira de rios, lagos e mata ciliar.

Alimentação: principalmente peixe, mas já foi vista comendo pequenos roedores, aves, anfíbios, insetos e até lixo.

Foto: Cordeiro. Espécie nativa, migratória.

Socozinho (*Butorides striata*)

Coloração: topete azul; garganta e peito com faixa marrom-claro, com branco central; pernas curtas e amarelas.

Tamanho: 36 cm

Dimorfismo: não

Habitat: locais com água, mangues, beira de rios, açudes, tanto no interior quanto no litoral.

Alimentação: peixes, moluscos, anfíbios, répteis e caranguejos

Foto: Cordeiro, na APA da Mata do Posto Zootécnico.

Espécie nativa, migratória.

Família BUCCONIDAE

Família da Ordem GUALBULIFORMES, com aves de aspecto robusto, como o joão-bobo e o barbudo, com cabeça grande e bico robusto. Os pés são zigodáctilos (com dois dedos voltados para frente e dois dedos para trás). Podem ser solitárias, formar casais ou pequenos grupos. São predadoras de invertebrados e pequenos vertebrados.

Barbudo-rajado (*Malacoptila striata*)

Coloração: dorso, cabeça e manto marrom-escuro estriado de ocre, garganta branca, com faixa branca abaixo; peito ocre e partes abaixo em marrom cinzento.

Tamanho: 20 cm

Dimorfismo: não

Habitat: interior de matas escuras, bordas de matas primárias, matas de terra firme.

Alimentação: pequenos artrópodes, formigas de correção.

Foto: Cordeiro. Espécie nativa.

Família CATHARTIDAE

Família da Ordem CATHARTIFORMES, que abriga os urubus, aves necrófagas, de porte médio, com plumagem predominantemente escura (exceto o urubu-rei) e cabeça e pescoço sem penas. Realizam grandes deslocamentos entre as áreas de alimentação e os locais de repouso noturno. Apresentam grande tolerância às toxinas encontradas em matéria orgânica em decomposição.

Urubu-de-cabeça-preta (*Coragyps atratus*)

Coloração: predominantemente preto, com a parte inferior da asa branca.
Tamanho: 56 a 76 cm de comprimento e cerca de 143 cm de envergadura.
Dimorfismo: não
Habitat: campos naturais, borda de matas, áreas rurais e urbanas.
Alimentação: carcaças de animais mortos e outros materiais orgânicos em decomposição, filhotes de tartarugas e de outras aves.
Foto: Cordeiro. Espécie nativa.

Urubu-de-cabeça-amarela
(*Cathartes burrovianus*)

Coloração: negro, com tons de marrons espalhados; cabeça nua amarela, parte interna das asas com contraste de penas escuras e claras, visíveis em voo.
Tamanho: 53 a 65 cm
Dimorfismo: não
Habitat: beira de rios e lagos florestados, campos e áreas pantanosas; não é uma espécie de interior de matas fechadas.
Alimentação: necrófaga, podendo comer algumas pequenas presas, apesar de priorizar carniça.
Foto: Cordeiro, na APA da Mata do Posto Zootécnico. Espécie nativa.

Família CHARADRIIDAE

Família da Ordem CHARADRIIFORMES, com aves terrícolas como o quero-quero. Podem habitar desde áreas litorâneas a campos secos, diversificando a alimentação de grãos a pequenas presas, incluindo crustáceos. Podem ter hábitos gregários, reunindo-se em bandos.

Quero-quero (*Vanellus chilensis*)

Coloração: faixa preta desde o pescoço até o peito, com penas longas (penacho) na região posterior da cabeça; apresenta um desenho chamativo de preto, branco e cinzento na plumagem, formando um arco; os olhos e as pernas são avermelhados.
Tamanho: 37 cm
Dimorfismo: não
Habitat: banhados e pastagens, comumente visto em estradas, gramados, campos de futebol, áreas abertas e de gramíneas.
Alimentação: invertebrados aquáticos e peixinhos que encontra na lama, também artrópodes e moluscos terrestres.
Foto: Cordeiro, na APA da Mata do Posto Zootécnico.
Espécie nativa.

Família COLUMBIDAE

Família da Ordem COLUMBIFORMES, que abriga rolinhas, pombos e juritis, sendo uma família numerosa e bem conhecida. Apresentam ampla distribuição geográfica e boa adaptação ao ambiente urbano, sendo muito ameaçadas pela caça.

Pomba-asa-branca (*Patagioenas picazuro*)

Coloração: cabeça e partes inferiores entre marrom e vinho, com a barriga pálida; nuca em branco prateado e manto roxo metálico; pontas das asas brancas.
Tamanho: 34 cm
Dimorfismo: não
Habitat: campos com árvores, áreas urbanas, cerrados e matas de galeria, bem adaptada à vida urbana.
Alimentação: sementes e pequenos frutos geralmente coletados no solo, sendo granívoros e frugívoros.
Foto: Cordeiro. Espécie nativa.

Rolinha-roxa (*Columbina talpacoti*)

Coloração: macho de penas marrom avermelhadas e cabeça cinza azulada; fêmeas com todas as penas pardas; ambos com olhos vermelhos.
Tamanho: 12 a 18 cm
Dimorfismo: sim
Habitat: campos abertos, florestas pouco densas, bem adaptadas a áreas alteradas pelo homem.
Alimentação: grãos encontrados no chão e sementinhas. Frequenta comedouros com canjica de milho.
Foto: Cantagalo (fêmea) e Cordeiro (macho). Espécie nativa.

Família CORVIDAE

Família da Ordem PASSERIFORMES, na qual se encontram as gralhas. Os corvídeos estão entre as aves mais inteligentes, com capacidade de autorreconhecimento diante de um espelho, uso de ferramentas, além de possuir organização e hierarquia social. Geralmente são monógamos.

Gralha-do-campo (*Cyanocorax cristatellus*)

Coloração: dorso e asas em azul-escuro; cabeça e garganta negros e parte inferior branca; com característico topete preto.

Tamanho: 35 cm

Dimorfismo: não

Habitat: locais arborizados, com árvores altas, até mesmo em locais de reflorestamento com eucalipto e pinheiro; raramente descem ao solo, ficando muitas vezes apenas nas copas.

Alimentação: onívoros, variando entre frutos, sementes, insetos, lagartos e até ovos de outras aves, inclusive galinhas.

Foto: Cordeiro. Espécie nativa.

Família CRACIDAE

Família da Ordem GALLIFORMES, dos mutuns e jacus, principal representante da ordem, no continente americano. Normalmente vive em pequenos grupos.

Jacuaçu
(*Penelope obscura*)

Coloração: verde-bronze bem escura, peito e pescoço com estrias bem finas, íris castanha e papo vermelho; fêmea com penas mais amarronzadas.
Tamanho: 68 a 75 cm
Dimorfismo: sim
Habitat: matas secundárias, capoeiras, plantações e matas de galeria (matas altas).
Alimentação: frugívoro, mas alimente-se também de folhas, flores, brotos, grãos e insetos; dentre as frutas de árvores nativas, tem grande apreciação por araçá; desce a pontos de água para bebê-la de maneira característica.
Foto: Cordeiro. Espécie nativa.

Família CUCULIDAE

Família da Ordem CUCULIFORMES, onde estão os anus e almas-de-gato, aves de porte mediano, com cauda relativamente longa e pés zigodáctilos. Apresentam ampla dispersão ambiental, sendo algumas espécies migratórias.

Alma-de-gato
(*Piaya cayana*)

Coloração: plumagem ferrugínea, com peito cinza e ventre escuro; as penas da longa cauda são escuras e têm manchas brancas na ponta; olhos vermelhos e bico amarelado.
Tamanho: 50 cm, considerando a cauda
Dimorfismo: não
Habitat: matas ciliares, matas secundárias, capoeiras, parques e bairros arborizados.
Alimentação: insetos, lagartas (até mesmo as espinhosas e venenosas).
Foto: Cantagalo.
Espécie nativa.

Anu-branco (*Guira guira*)

Coloração: ocre amarelada, com pele facial nua amarela, fino anel periocular em amarelo-pálido e íris variando entre o amarelo alaranjado e branco azulado; dorso e parte superior das asas finamente estriados; rabo branco e preto e bico amarelo alaranjado; garganta, peito e ventre pálidos com finas estrias escuras na garganta e no peito.
Tamanho: 36 a 42 cm, incluindo 20 cm de cauda.
Dimorfismo: não
Habitat: campos, lavouras e ambientes mais abertos; comum em beira de estradas e rodovias.
Alimentação: carnívoro; se alimenta de gafanhotos, percevejos, aranhas e miriápodes; também preda lagartas peludas e urticantes, lagartixas e camundongos; pode pescar em águas rasas; em épocas de escassez dos outros alimentos listados, como no inverno, pode comer bagas de frutas e coquinhos.
Foto: Cantagalo. Espécie nativa.

Anu-preto (*Crotophaga ani*)

Coloração: penas em preto forte, com pequenos azulados amarronzados.
Tamanho: 36 cm
Dimorfismo: não
Habitat: paisagens abertas com moitas, pastos e jardins, lavouras abandonadas, preferindo lugares úmidos.
Alimentação: carnívoro; se alimenta de gafanhotos, percevejos, aranhas e miriápodes; também preda lagartas peludas e urticantes, lagartixas e camundongos; pode pescar em águas rasas. Em épocas de escassez, como no inverno, além dos alimentos listados, pode comer bagas de frutas e coquinhos.
Foto: Cordeiro. Espécie nativa

Família DENDROCOLAPTIDAE

Família da Ordem PASSERIFORMES, numerosa, onde se encontram os arapaçus, que podem viver solitários, em casal ou em bandos mistos. Em sua cauda, possui penas semirrígidas, com um pequeno gancho que auxilia a sua fixação no tronco.

Arapaçu-escamado (*Lepidocolaptes squamatus*)

Coloração: marrom ferrugíneo no dorso e nas asas; cabeça e ventre barrados de marrom com branco e garganta esbranquiçada, cauda avermelhada.
Tamanho: 19 cm
Dimorfismo: não
Habitat: matas úmidas, caatingas arbóreas, matas secas e florestas de galeria.
Alimentação: alimenta-se de pequenos artrópodes encontrados nos troncos das árvores, mas sem martelá-los como o pica-pau.
Foto: Cordeiro. Espécie nativa.

Família DONACOBIIDAE

Família da Ordem PASSERIFORMES, formada por uma única espécie que vive em casais ou pequenos grupos, apresentando forte vocalização.

Japacanim (*Donacobius atricapilla*)

Coloração: de cauda negra com pontas brancas; nódoa no pescoço; íris e partes inferiores amareladas (variam os tons); cabeça e dorso negros.
Tamanho: 23 cm
Dimorfismo: não
Habitat: brejos, taboais, córregos, lagos.
Alimentação: insetos e pequenos organismos.
Foto: Cantagalo.
Espécie nativa.

Família FALCONIDAE

Família da Ordem FALCONIFORMES, dos falcões e carcarás, aves de rapina diurnos, com bico e garras poderosos para a captura de presas. Geralmente são encontrados solitários ou em casais, mas podem formar pequenos bandos.

Carcará (*Caracara plancus*)

Coloração: cabeça com topo negro, face avermelhada e bico cinza, adunco e alto; peito estriado, pernas amarelas; manchas brancas nas pontas inferiores da asa.
Tamanho: 50 a 60 cm, com 123 cm de envergadura
Dimorfismo: não
Habitat: áreas de campos abertas e ribeirinhas, com árvores altas; borda de mata e centros urbanos.
Alimentação: variada; não sendo um caçador generalizado, aproveita as oportunidades comendo animais, como lagartos, cobras, roedores, aves e até filhotes de espécies grandes como jaburu; também pode se alimentar de animais mortos.
Foto: Cordeiro. Espécie nativa.

Carrapateiro (*Milvago chimachima*)

Coloração: predominantemente branco amarelada, com dorso marrom-escuro, lista pós-ocular negra; no macho, a coloração entre os olhos e o bico é alaranjada e na fêmea é rósea.
Tamanho: 36 a 45 cm
Dimorfismo: sim
Habitat: campos cultivados, pastos, áreas abertas; é comum também em áreas urbanas, principalmente se há criação de animais, como galinhas.
Alimentação: parasitas de bovinos, equinos e capivaras, como os carrapatos; pode se alimentar de lagartas e cupins; em áreas de floresta, preda parasitas de grandes herbívoros, como a anta e os cervos.
Foto: Cordeiro. Espécie nativa.

Cauré (*Falco rufigularis*)

Coloração: negro, com barriga e peito listrados de branco; a garganta, o papo e as laterais do pescoço são amarelado ferrugíneos ou brancos.
Tamanho: 23 a 30 cm
Dimorfismo: não
Habitat: bordas de florestas e clareiras, pode ser observado em cidades arborizadas.
Alimentação: morcegos, insetos e aves, capturados em voo e no chão; lagartos e pequenos roedores.
Foto: Cordeiro.
Espécie nativa.

Família FRINGILLIDAE

Família da Ordem PASSERIFORMES, de pequenos pássaros canoros, de plumagem colorida e bico relativamente grosso. Podem viver isolados ou em casais.

Fim-fim (*Euphonia chlorotica*)

Coloração: macho com dorso e cabeça azulados, com mancha amarela na fronte e no ventre; a fêmea possui peito, garganta e parte da lateral da cabeça acinzentados, dorso verde oliváceo e penas das asas e da cauda mais escuros.
Tamanho: 9,5 cm
Dimorfismo: sim
Habitat: mata baixa e rala, cerrado, caatinga e matas serranas na região sudeste.
Alimentação: frugívoro; as sementes são engolidas intactas e quando eliminadas junto com as fezes, acabam por germinar. Por essa razão, são ótimos dispersores de sementes.
Foto: Cantagalo.
Espécie Nativa.

Família FURNARIIDAE

Família da Ordem PASSERIFORMES, numerosa, com pássaros de plumagem parda. Podem viver solitários ou em casais, podendo ainda formar bandos mistos com outras aves e habitar tanto o solo quando o alto das árvores.

Casaca-de-couro-da-lama
(*Furnarius figulus*)

Coloração: cabeça marrom avermelhada com uma faixa branca acima dos olhos.
Tamanho: entre 15 e 16 cm
Dimorfismo: não
Habitat: matas ribeirinhas, babaçuais, brejos e áreas úmidas; ocupa cidades, indo se alimentar em áreas onde haja água e lama, como jardins, beira de córregos e poças lamacentas em ruas de terra.
Alimentação: pequenos insetos, larvas e até pequenos peixes.
Foto: Cordeiro, na APA da Mata do Posto Zootécnico.
Espécie Nativa

João-de-barro (*Furnarius rufus*)

Coloração: dorso inteiramente marrom avermelhado; suave sobrancelha mais clara; penas de voos negras; cauda avermelhada.
Tamanho: 18 a 20 cm
Dimorfismo: não
Habitat: paisagens abertas, como campos, cerrados, pastagens, ao longo de rodovias e em jardins; caminha muito pelo chão, preferindo galhos e locais isolados que lhe permite boa visão.
Alimentação: cupins, formigas, minhocas e possivelmente moluscos; aproveita restos alimentares humanos, como pedaços de pão e pode, em épocas de escassez, alimentar-se de frutas e quirera de milho em comedouros.
Foto: Cordeiro, região da APA da Mata do Posto Zootécnico.
Espécie Nativa.

João-de-pau (*Phacellodomus rufifrons*)

Coloração: parte da cabeça amarronzada clara, contrastando com a cabeça escura; corpo pardo.

Tamanho: 16 cm

Dimorfismo: não

Habitat: campos com arbustos e árvores esparsas, áreas arborizadas próximas a construções e áreas semiabertas.

Alimentação: insetos.

Foto: Cordeiro.

Espécie nativa.

Família HIRUNDINIDAE

Família da Ordem PASSERIFORMES, com pássaros de asas bem longas, podendo viver em bandos bem numerosos. Algumas espécies podem ser migratórias.

Andorinha-pequena-de-casa (*Pygochelidon cyanoleuca*)

Coloração: partes superiores em azul metálico, inferiores brancas; as asas e caudas são negras.
Tamanho: 12 a 13 cm
Dimorfismo: não
Habitat: prefere áreas amplas, como campos abertos próximos a lagos e rios, porém é bem adaptada a cidades; passa maior parte do tempo voando, pousando só para descanso ou quando o tempo está ruim; tem grande afinidade com construções humanas e, onde houver alguma cavidade, pode nidificar.
Alimentação: pequenos insetos, que podem ser capturados em voo; bebe água durante voos rasantes em lagos, poças e rios.
Foto: Cordeiro. Espécie nativa.

Andorinha-serradora
(*Stelgidopteryx ruficollis*)

Coloração: garganta canela avermelhada; laterais da face, dorso e partes inferiores em tons de fuligem; abdômen em amarelo-pálido.
Tamanho: 14 cm
Dimorfismo: não
Habitat: clareiras, áreas abertas e próximas à água; pode ser observada também em área urbana arborizada.
Alimentação: insetos, cupins, formigas, moscas e abelhas; são os maiores consumidores de plânctons aéreos (conjunto de microrganismos animais e vegetais, transportados pelo vento).
Foto: Cordeiro. Espécie nativa.

Família ICTERIDAE

Família da Ordem PASSERIFORMES, numerosa, composta por pássaros coloridos, com bico cônico e pontiagudo. Podem viver solitários, em casais ou grupos.

Garibaldi (*Chrysomus ruficapillus*)

Coloração: macho com plumagem negra, garganta, peito e topo da cabeça vermelhos; a fêmea possui plumagem parda olivácea, com barriga e lado superior estriado de negro.
Tamanho: 17,5 a 18,5 cm
Dimorfismo: sim
Habitat: paisagens úmidas, banhados e brejos.
Alimentação: frutas, sementes, grãos e pequenos artrópodes; aprecia arroz com casca.
Foto: Cordeiro. Espécie nativa.

Guaxe (*Cacicus haemorrhous*)

Coloração: plumagem negra, íris azul, bico amarelado e parte posterior das costas vermelha.

Tamanho: 21 a 29,5 cm, sendo a fêmea menor

Dimorfismo: não

Habitat: copa de árvores de borda, matas secas e úmidas e galerias altas; prefere baixadas quentes com florestas.

Alimentação: onívoro.

Foto: Cantagalo.

Espécie nativa.

Família JACANIDAE

Família da Ordem CHARADRIIFORMES, com pequenas aves de pernas e dedos longos, que permitem caminhar sobre a vegetação aquática, podendo formar casais.

Jaçanã (*Jacana jacana*)

Coloração: plumagem negra e manto castanho; bico amarelo; escudo frontal vermelho e partes inferiores da asa amareladas.

Tamanho: 23 cm

Dimorfismo: não

Habitat: banhados, alagados, mangues, brejos; margens de curso d'água, em geral.

Alimentação: insetos, invertebrados e grãos.

Foto: Cordeiro, na APA da Mata do Posto Zootécnico.

Espécie nativa, migratória.

Família PARULIDAE

Família da Ordem PASSERIFORMES, com pequenos pássaros de bico fino e curto, com plumagem colorida. Podem viver solitários ou em casais.

Mariquita (*Setophaga pitiayumi*)

Coloração: amarelo vivo na barriga, alaranjado no peito e cinza azulado no dorso; no meio das costas, o que chama atenção é uma mancha esverdeada; máscara negra na face.
Tamanho: 10 cm
Dimorfismo: não
Habitat: copa de árvores altas, bordas de matas secas; em áreas de maior umidade, pode ocupar regiões montanhosas.
Alimentação: insetos, pequenas aranhas e lagartas; excreção adocicada de pulgões; em época de escassez, alimenta-se de frutas em e comedouros.
Foto: Cordeiro. Espécie nativa.

Pula-pula (*Basileuterus culicivorus*)

Coloração: manto verde oliváceo e inferior amarelo; sobrancelha branca, com uma faixa preta superior; faixa vermelha no topo da cabeça, de difícil observação.

Tamanho: 12 cm

Dimorfismo: não

Habitat: vive tanto no interior de florestas úmidas quanto secas, capoeiras e cerradões, podendo compor bando misto.

Alimentação: pequenos insetos.

Foto: Cordeiro.

Espécie nativa.

Família PASSARIDAE

Família da Ordem PASSERIFORMES, tendo o pardal como elemento mais conhecido, introduzido no Brasil no início do século XX. Formam casais e bandos numerosos.

Pardal (*Passer domesticus*)

Coloração: machos apresentam duas plumagens: durante a primavera, apresentam cor acinzentada no topo e na fronte; cor preta no loro e na garganta; cor marrom com riscos pretos nas asas e região das costas; cor cinza claro ou branca no rosto, peito e abdômen; as penas maiores das asas da ave apresentam cor preta no centro, e as pontas são em tons queimados; o bico é preto e os pés são rosados. Durante o outono, apresentam cor preta no loro; garganta com coloração apagada ou quase inexistente; a plumagem no outono é menos evidente; a maxila é preta e a mandíbula é preta amarelada. As fêmeas, chamadas de pardocas ou pardalocas, apresentam cor acinzentada no píleo; marrom nos loros, fronte e bochechas, e uma lista supraciliar clara.
Tamanho: 13 a 18 cem
Dimorfismo: sim
Habitat: áreas com ocupações humanas e agricultadas.
Alimentação: sementes, flores, insetos, brotos de árvores e restos de alimento humano.
Foto: Cordeiro, APA da Mata do Posto Zootécnico. Espécie exótica.

Família PICIDAE

Família da Ordem PICIFORMES, conhecida pelos pica-paus, que têm o hábito de bater em galhos e em troncos, durante a captura de suas presas, e como forma de comunicação. Apresentam pés zigodátilos.

Pica-pau-branco (*Melanerpes candidus*)

Coloração: o macho apresenta corpo branco e manto preto, com faixa negra a partir dos olhos, que podem ser brancos ou pálidos, rodeados por um grande anel periorbital amarelo bastante chamativo. Tem barriga com uma mancha amarelada; as fêmeas têm coloração semelhante, sendo a faixa preta da cabeça mais rala ou embaçada, não possuindo as penas amarelas na nuca.

Tamanho: 24 a 29 cm

Dimorfismo: sim

Habitat: áreas de bordas, campestres, pastos, eucaliptais; também encontrado em cidades arborizadas, parques, jardins e pomares.

Alimentação: insetos, larvas, sementes frutos de frutas cultivadas como mamão, laranja, bananas e mel; pode atacar ninhos de abelhas nativas, como irapuá (Trigona spinipes).

Foto: Cordeiro. Espécie nativa.

Pica-pau-verde-barrado
(*Colaptes melanochloros*)

Coloração: plumagem esverdeada, divisão característica entre o vermelho e o preto na cabeça, destacando uma grande área branca na região dos olhos; círculos negros na plumagem do peito e barriga; os machos têm um bigode vermelho abaixo do bico (única coisa que os diferencia das fêmeas).
Tamanho: 28cm
Dimorfismo: sim
Habitat: matas de galeria, cerrados, caatingas, campos com árvores e borda de florestas; ocorrência comum em áreas urbanas.
Alimentação: formigas, cupins e insetos; em épocas de escassez desses alimentos (no inverno), pode se alimentar de frutas carnosas, podendo ir aos comedouros.
Foto: Cordeiro, fêmea em ninho. Espécie nativa.

Picapauzinho barrado
(*Picumnus cirratus*)

Coloração: testa avermelhada, que diferencia o macho da fêmea; nuca escura pintada; parte superior parda, e inferior barrada; cauda preta e branca.

Tamanho: 10 cm

Dimorfismo: sim

Habitat: interior e bordas de florestas altas e capoeiras.

Alimentação: larvas e adultos de pequenos insetos.

Foto: Cordeiro.

Espécie nativa.

Picapauzinho-de-testa-pintada (*Veniliornis maculifrons*)

Coloração: manto marrom esverdeado, partes inferiores pardas barradas de preto; no macho, a nuca é vermelha e na fêmea parda amarelada; testa pintada de branco.

Tamanho: 16 cm

Dimorfismo: sim

Habitat: matas secundárias, baixadas, serra do mar (Rio de Janeiro), clareiras e bordas de matas.

Alimentação: insetos e larvas.

Foto: Cordeiro. Espécie nativa, endêmica de Mata Atlântica.

Família PIPRIDAE

Família da Ordem PASSERIFORMES, com pássaros com plumagem muito vistosa, podendo ser solitários, formar casais ou pequenos grupos. Entre eles, é comum a ocorrência de rituais de acasalamento.

Rendeira (*Manacus manacus*)

Coloração: macho preto e branco com pernas laranjas; a fêmea é verde com pernas amarelas.

Tamanho: 10 a 11 cm

Dimorfismo: sim

Habitat: estrato inferior e bordas de florestas, capoeiras e restingas.

Alimentação: frutos e Insetos.

Foto: Cordeiro (macho e fêmea). Espécie nativa.

Tangará (*Chiroxiphia caudata*)

Coloração: azul-celeste, com cauda e cabeça preta, esta com uma coroa vermelha; as fêmeas são verde-oliva.
Tamanho: 13 cm
Dimorfismo: sim
Habitat: matas densas, chegando às bordas.
Alimentação: onívoro, alimentando-se de pequenas sementes, frutinhos e insetos.
Foto: Cantagalo, no Horto Estadual.
Espécie nativa.

Família PSITTACIDAE

Família da Ordem PSITTACIFORMES, muito popular por abrigar papagaios, periquitos e araras, formando bandos numerosos.

Maitaca-verde (*Pionus maximiliani*)

Coloração: verde, ventre verde amarelado com cabeça cinza azulada; pescoço roxo. Abaixo da cauda, vermelho.
Tamanho: 25 a 29 cm
Dimorfismo: não
Habitat: florestas úmidas de galeria e áreas cultivadas, podem surgir em até 2.000 metros de altitude.
Alimentação: frutos e sementes do local que habitam; atacam plantações como arrozais.
Foto: Cordeiro. Espécie nativa.

Maracanã-verdadeira
(*Primolius maracana*)

Coloração: verde, com região da face nua em branco, contrastando com o bico negro; asas azuis e cauda vermelha, verde e azul.

Tamanho: 40 cm

Dimorfismo: não

Habitat: beira de matas, barrancos e regiões com palmeiras.

Alimentação: frutos de palmeiras, como juçara e buriti; frutos com bagas, como ingá.

Foto: Cordeiro, APA da Mata do Posto Zootécnico.

Espécie nativa.

Periquitão-maracanã
(*Psittacara leucophthalmus*)

Coloração: verde, com os lados da cabeça e do pescoço com algumas penas vermelhas (apenas as penas inferiores pequenas da asa são vermelhas; as grandes inferiores são amarelas, destacando-se no voo); parte inferior do rabo amarelo.

Tamanho: 30 a 32 cm

Dimorfismo: não

Habitat: florestas úmidas, semi-úmidas, pântanos, florestas de galeria e palmares de buriti, nas planícies. Podem surgir em até 2.500 metros de altitude.

Alimentação: frutos, como a goiaba; sementes e coquinhos variados, como juçara, açaí e buriti.

Foto: Cordeiro.

Espécie nativa.

Família RALLIDAE

Família da Ordem GRUIFORMES, de aves comuns em ambientes alagados e com vegetação densa, onde se escondem. Apesar de se locomoverem bem no solo, também têm boa capacidade de voo.

Frango-d'água-comum (*Gallinula galeata*)

Coloração: cinza-escuro, com algumas linhas brancas abaixo da asa. Na cabeça, tem um escudo frontal vermelho.
Tamanho: cerca de 50 cm
Dimorfismo: não
Habitat: lagos com vegetação aquática e margens pantanosas, beira de açudes e regiões pantanosas.
Alimentação: vegetação aquática, invertebrados e ocasionalmente pequenos vertebrados.
Foto: Cordeiro, região da APA da Mata do Posto Zootécnico.
Espécie nativa, migratória.

Saracura-do-mato
(*Aramides saracura*)

Coloração: apresenta topo e laterais da cabeça em cinza ligeiramente amarronzados; nuca e região posterior do pescoço são castanhos; o restante do dorso é cinza oliváceo e a parte inferior cinza; pernas e pés em tom róseo.
Tamanho: 34 a 37 cm
Dimorfismo: não
Habitat: florestas e matas, preferindo as áreas pantanosas e alagadiças.
Alimentação: ovas de peixes e anfíbios, inclusive ovos da perereca filomedusa (*Phyllomedusa distincta*).
Foto: Cantagalo, em zona rural, área de brejo. Espécie nativa.

Família RAMPHASTIDAE

Família da Ordem PICIFORMES, com aves medianas, arborícolas e muito populares, como os tucanos e araçaris, que podem formar casais ou ser encontrados em bandos. Possuem pés zigodátilos.

Araçari-de-bico-branco (*Pteroglossus aracari*)

Coloração: cabeça negra, com coberteiras castanho-escuras na altura dos ouvidos; olhos são marrons; o verde recobre o dorso e possui a região da barriga amarelada, transpassada por uma faixa vermelha na região mediana; maxila branca e parte inferior do bico negros; coxas verde-oliva.
Tamanho: 43 a 46 cm
Dimorfismo: não (apenas o bico da fêmea é ligeiramente menor)
Habitat: copa de florestas altas de terra firme, várzeas e igapós, tanto no interior como nas bordas; plantações de mamão. Prefere ficar próximo as arvores frutíferas e locais com palmeiras.
Alimentação: Coquinhos e frutos, artrópodes e pequenos invertebrados.
Foto: Cordeiro.
Espécie nativa.

Tucanuçu
(*Ramphastos toco*)

Coloração: preto por cima e branco na região do papo, bico longo e alaranjado, com uma "virgula" preta na ponta; mancha branca com detalhe em vermelho, na parte anterior da cauda.
Tamanho: 56 cm
Dimorfismo: não
Habitat: matas de galeria, capões; sendo a única espécie da família Ramphastidae que não vive exclusivamente na floresta.
Alimentação: frutas, insetos e artrópodes; saqueiam ninhos em busca de ovos e filhotes.
Foto: Cordeiro. Espécie nativa.

Família RHYNCHOCYCLIDAE

Família da Ordem Passeriformes, com pássaros pequenos, solitários ou formando casais. Algumas espécies são migratórias.

Bico-chato-de-orelha-preta (*Tolmomyias sulphurescens*)

Coloração: cabeça acinzentada, com uma mancha branca ao redor dos olhos; barriga amarelada e peito acinzentado; asas com longas penas superiores amarelas.
Tamanho: 13 a 14 cm
Dimorfismo: não
Habitat: mata seca, cerradões e ocasionalmente áreas mais largas de mata ciliar; reside o ano todo em um só local.
Alimentação: insetos que capturam entre as folhagens.
Foto: Cordeiro, APA da Mata do Posto Zootécnico. Espécie nativa.

Teque-teque (*Todirostrum poliocephalum*)

Coloração: amarelo e cinza azulado escuro, principalmente na cabeça, contrastando com o amarelo da testa e dos olhos.
Tamanho: 9 cm
Dimorfismo: não
Habitat: Mata Atlântica, em encostas.
Alimentação: insetos e outros invertebrados de pequeno porte; pequenos frutos.
Foto: Cordeiro.
Espécie nativa.

Família STRIGIDAE

Família da Ordem STRIGIFORMES, que abriga as corujas, aves de hábitos noturnos.

Caburé (*Glaucidium brasilianum*)

Coloração: possuem duas colorações de plumagem, uma cinza com cauda listrada de branco e peito claro com cinza – cor de toda plumagem; e outra marrom avermelhada, com cauda de mesma cor; olhos amarelos e pretos.
Tamanho: 16,5 cm
Dimorfismo: não
Habitat: bordas de florestas de terra firme e de várzea, cerrados e campos com árvores.
Alimentação: aves, como pardais, sanhaçus e, esporadicamente, beija-flores; insetos, rãs, lagartixas e pequenas cobras; aproveita a presa em maior disponibilidade dependendo da região.
Foto: Cordeiro. Espécie nativa.

Corujinha-do-mato (*Megascops choliba*)

Coloração: olhos amarelos e face cinza, com parte negra externa; peito cinza com rajados escuros.
Tamanho: 20,6 a 30cm (machos) e 17,5 a 28cm (fêmea)
Dimorfismo: não
Habitat: cidades, parques urbanos e fazendas; capoeiras e beiras de matas secas ou úmidas. Evita o interior de florestas densas.
Alimentação: grandes artrópodes e anelídeos; menos frequentes em sua dieta, mas também importantes, são os pequenos vertebrados como os camundongos, morcegos e rãs.
Foto: Cordeiro-RJ.
Espécie nativa.

Família THAMNOPHILIDAE

Família numerosa da Ordem PASSERIFORMES, podendo viver solitários, em casais ou em bando.

Choca-da-mata
(*Thamnophilus caerulescens*)

Coloração: macho com coloração cinza, sendo o alto da cabeça negro e o ventre mais claro; rabo preto com manchas brancas; a fêmea possui plumagem parda; ambos possuem pintas nas asas.
Tamanho: 14 a 16 cm
Dimorfismo: sim
Habitat: florestas secundárias, matas de galeria e bordas de matas densas; sua ocorrência é cada vez mais comum em áreas urbanas arborizadas e parques.
Alimentação: Insetos.
Foto: Cordeiro, em área urbana com arborização densa.
Espécie nativa.

Choca-listrada (*Thamnophilus palliatus*)

Coloração: corpo listrado de preto e branco, com dorso avermelhado; macho com o alto da cabeça na cor preta, e fêmea com a cor castanho avermelhada.

Tamanho: 16 cm

Dimorfismo: sim

Habitat: bordas de florestas úmidas e montanhas, clareiras em regeneração, capoeiras arbustivas e quintais.

Alimentação: frutinhas, insetos e lagartas.

Foto: Cordeiro.

Espécie nativa.

Chorozinho-de-asa-vermelha
(*Herpsilochmus rufimarginatus*)

Coloração: ventre amarelo com asas ruivas; o alto da cabeça dos machos é preto; nas fêmeas, é castanho ferrugíneo.
Tamanho: 11,5 cm
Dimorfismo: sim
Habitat: matas úmidas, matas de terra firme, restinga.
Alimentação: insetívoro.
Foto: Cantagalo. Espécie nativa.

Família THRAUPIDAE

Família numerosa da Ordem PASSERIFORMES, com pássaros multicoloridos, que podem viver solitários, em casais ou em grupos. Algumas espécies podem ser migratórias e participar de bandos mistos.

Cambacica (*Coereba flaveola*)

Coloração: dorso marrom, peito e ventre amarelos e garganta cinza
Tamanho: 10,5 a 11,5 cm
Dimorfismo: não
Habitat: comum em grande variedade de habitats abertos e semiabertos arborizados, principalmente onde há flores; frequenta quintais e jardins.
Alimentação: néctar de frutas, artrópodes, frutas como banana, mamão, jabuticaba, laranja; frequenta comedouros.
Foto: Cordeiro.
Espécie nativa.

Canário-da-terra (*Sicalis flaveola*)

Coloração: os machos têm cor amarela olivácea com estrias enegrecidas nas costas; as fêmeas possuem a parte superior olivácea com estriação parda por baixo, com penas e cauda quase negras.
Tamanho: 13,5 cm
Dimorfismo: sim
Habitat: campo seco, campos de cultura, borda de matas, áreas de cerrado, campos naturais, pastagens abandonadas, plantações e jardins gramados. É mais comum em áreas áridas.
Alimentação: sementes. É essencialmente granívoro;frequenta comedouros com grãos.
Foto: Cordeiro. Espécie nativa.

Cardeal-do-nordeste (*Paroaria dominicana*)

Coloração: cabeça e pescoço vermelhos; parte superior cinza, mas com o dorso anterior composto de penas negras, no ápice, e brancas, na base, dando efeito de escamado. Partes inferiores brancas; fêmea com avermelhado mais claro que o macho.
Tamanho: 17 cm
Dimorfismo: sim
Habitat: mata rala baixa e beira de rios.
Alimentação: granívoro, adaptado a comer sementes muito amargas para padrões humanos. Pode comer algumas frutas como seriguela e frequentar comedouros com canjica de milho e outras sementes.
Foto: Cordeiro, na APA da Mata do Posto Zootécnico. Espécie nativa.

Coleirinho (*Sporophila caerulescens*)

Coloração: macho com colar preto e branco e, na garganta, um bigode branco; o peito pode variar de branco a amarelo; fêmeas são pardas e escuras nas costas.

Tamanho: 12 cm

Dimorfismo: sim

Habitat: campos abertos e capinzais, menos região amazônica e nordeste; pode habitar áreas urbanas.

Alimentação: gramíneas e pequenas sementinhas, aprecia os frutos do tapiá ou tanheiro (*Alchornea glandulosa*); frequenta comedouros com canjica de milho.

Foto: Cordeiro. Espécie nativa.

Saí-andorinha (*Tersina viridis*)

Coloração: macho azul brilhante, com face e gargantas negros; fêmea possui coloração esverdeada brilhante; em ambos, a barriga branca contêm pequenas listras negras ao entorno; o macho tem belos olhos laranja.
Tamanho: 14 cm
Dimorfismo: sim
Habitat: borda de matas e áreas arborizadas das cidades.
Alimentação: frutas e insetos (que podem ser apanhados no voo); quando as sementes das frutas são grandes para ser ingeridas, são cuspidas, o que o torna um excelente dispersor de sementes.
Foto: Cordeiro.
Espécie nativa, migratória.

Saí-azul (*Dacnis cayana*)

Coloração: o macho é azul e preto, já a fêmea é esverdeada com cabeça azulada.

Tamanho: 13 cm

Dimorfismo: sim

Habitat: bordas de florestas, capoeiras arbóreas, campos com árvores esparsas.

Alimentação: néctar, insetos e frutas; frequenta comedouros.

Foto: Cordeiro, APA da Mata do Posto.

Espécie nativa.

Saíra-amarela (*Tangara cayana*)

Coloração: macho amarelo-dourado, com máscara negra na região da face, estendendo-se até a barriga; a fêmea é mais pálida e não possui a máscara de cor negra; em ambos os sexos, as asas apresentam uma coloração verde brilhante.
Tamanho: 15 cm
Dimorfismo: sim
Habitat: matas abertas e ciliares, áreas cultivadas, parques e jardins.
Alimentação: frutos e insetos, como cupins e vespas; frequenta comedouros e tem preferência por aroeira vermelha.
Foto: Cordeiro. Espécie nativa.

Saíra-de-chapéu-preto (*Nemosia pileata*)

Coloração: o macho possui um olho amarelo em contraste com o tom negro da cabeça, com listra branca entre o olho e o bico; as partes inferiores são brancas e as penas das asas são cinza-escuro; a fêmea tem a mesma distribuição de cores, exceto pelo tom negro da cabeça.
Tamanho: 13 cm
Dimorfismo: sim
Habitat: regiões com vegetação rala, copas de árvores e sua parte interna.
Alimentação: frutinhas (frequentemente duras) de árvores e arbustos, frutinhas de cipós, pedaços de frutas maiores e seu suco, folhas, botões e néctar. Também consome pequenos invertebrados.
Foto: Cordeiro. Espécie nativa.

Saíra-douradinha (*Tangara cyanoventris*)

Coloração: cabeça amarela, com fronte e garganta pretos; peito azul-claro; dorso em estriado preto e amarelo, e ponta das asas verdes.
Tamanho: 13,5 cm
Dimorfismo: não
Habitat: regiões montanhosas, matas estacionais semidecíduas e cerradões.
Alimentação: pequenos frutos e sementinhas.
Foto: Cordeiro, na APA da Mata do Posto Zootécnico.
Espécie nativa.

Saíra-ferrugem (*Hemithraupis ruficapilla*)

Coloração: macho tem a cabeça ferrugínea, com o pescoço amarelo, peito marrom-claro, barriga acinzentada e dorso esverdeado; a fêmea é esverdeada, sendo mais clara nas partes inferiores.

Tamanho: 13 cm

Dimorfismo: sim

Habitat: bosques, bordas de florestas; costuma ficar nas copas das árvores.

Alimentação: frutos e insetos.

Foto: Cordeiro, na APA da Mata do Posto Zootécnico.

Espécie nativa, endêmica do Brasil.

Saíra-viúva (*Pipraeidea melanonota*)

Coloração: macho apresenta tom azul-claro na cabeça, máscara ocular negra, partes inferiores amarelo ferrugíneo, asas azul-cobalto com rêmiges pretos e dorso azul; a fêmea possui a cabeça azul esverdeada, estendendo-se até o manto, e asas com rêmiges escuras e bordas de coloração azul esverdeada.
Tamanho: 14 a 15 cm
Dimorfismo: sim
Habitat: florestas, restingas e eventualmente áreas abertas.
Alimentação: frutos, insetos, alguns tipos de ervas daninhas. Aprecia muito a nêspera (*Eriobotrya japônica*).
Foto: Cordeiro, na APA da Mata do Posto Zootécnico. Espécie nativa.

Sanhaçu-cinzento (*Tangara sayaca*)

Coloração: cinza, com asas e cauda em tom azulado.
Tamanho: 16 a 19 cm
Dimorfismo: não
Habitat: bordas de florestas, capoeiras, áreas urbanas arborizadas; frequenta comedouros.
Alimentação: frutos, folhas, brotos, flores de eucaliptos e insetos; entre estes, os alados de cupim.
Foto: Cordeiro.
Espécie nativa.

Sanhaçu-do-coqueiro (*Tangara palmarum*)

Coloração: verde em vários tons, com faixa amarelada por baixo da asa.

Tamanho: 17 a 18 cm

Dimorfismo: não

Habitat: bordas e capoeiras de florestas, bem como áreas urbanas arborizadas e comedouros.

Alimentação: insetos, frutos e néctar.

Foto: Cantagalo.

Espécie Nativa.

Sanhaçu-de-encontro-amarelo (*Tangara ornata*)

Coloração: azul acinzentado, com a parte superior das asas em amarelo.

Tamanho: 18 cm

Dimorfismo: não

Habitat: bordas de matas.

Alimentação: frutas pequenas e geralmente duras, de árvores; folhas, botões, insetos e borboletas.

Foto: Cordeiro.

Espécie nativa.

Tiê-preto (*Tachyphonus coronatus*)

Coloração: macho possui coloração preto brilhante e uma faixa (na forma de topete) vermelha, no topo da cabeça, quase nunca visível; a fêmea é toda marrom.
Tamanho: 18 cm
Dimorfismo: sim
Habitat: florestal, é mais observado quando vai se alimentar em árvores frutíferas próximas à bordas ou nos arredores de matas.
Alimentação: frutos, sementes, flores e insetos; costuma visitar comedouros com frutas, como banana.
Foto: Cordeiro. Espécie nativa.

Tiê-sangue (*Ramphocelus bresilius*)

Coloração: a fêmea é parda nas partes superiores e marrom avermelhada nas inferiores; o macho possui coloração vermelho-sangue, com asas e caudas negras, e uma característica vírgula branca na base do bico.
Tamanho: 18 a 19 cm
Dimorfismo: sim
Habitat: capoeiras, restingas, bordas de florestas e plantações. Pode chegar até parques e cidades.
Alimentação: frugívoro, tendo predileção pelo fruto da embaúba, banana e insetos; frequenta comedouros com frutas.
Foto: Cordeiro.
Espécie nativa, endêmica do Brasil.

Tietinga (*Cissopis leverianus*)

Coloração: cabeça e peitos em azul-escuro brilhante; partes inferiores brancas, com asas pretas e caudas negras com manchas brancas na parte interna; olhos com destacado anel periorbital amarelo.
Tamanho: 29 cm
Dimorfismo: não
Habitat: bordas de florestas, capoeiras com árvores esparsas e florestas.
Alimentação: frutos, preferencialmente banana e goiaba, e insetos.
Foto: Cordeiro, na APA da Mata do Posto Zootécnico.
Espécie nativa.

Tiziu (*Volatinia jacarina*)

Coloração: o macho é preto, com um brilho azul metálico, exceto por uma mancha branca debaixo das asas; a fêmea é marrom-oliva na parte superior e, por baixo, é amarelo amarronzada, estriada de escuro, semelhante a indivíduos jovens.

Tamanho: 11,5 cm

Dimorfismo: sim

Habitat: áreas alteradas, descampados, savanas, campos e capoeiras baixas da América do Sul, não correndo no extremo sul.

Alimentação: sementes de gramíneas, como a braquiária. Pode capturar insetos pequenos, e frequenta comedouros com sementes variadas.

Foto: macho em Cordeiro e fêmea em Cantagalo.

Espécie Nativa.

Família TROCHILIDAE

Família da Ordem APODIFORMES, dos coloridos beija-flores, restritos ao continente americano. As aves dessa família são capazes de permanecer imóveis durante o voo e voar para trás, devido ao batimento extremamente rápido de suas asas. A maioria das espécies é territorialista e agressiva.

Beija-flor-de-banda-branca (*Amazilia versicolor*)

Coloração: esverdeado, com garganta verde brilhante e com tons azulados; branco puro da barriga até o peito; bico escuro; cauda acinzentada.
Tamanho: 8,5 cm
Dimorfismo: não
Habitat: bordas de florestas úmidas, matas secas, galeria, manguezais, matas de várzea, e cidades.
Alimentação: néctar e pequenos insetos.
Foto: Cordeiro, na APA da Mata do Posto Zootécnico.
Espécie nativa.

Beija-flor-de-fronte-violeta
(*Thalurania glaucopi*)

Coloração: macho verde brilhante, com a frente da cabeça azul-violeta e bico negro; a fêmea apresenta as partes inferiores brancas.
Tamanho: 11 cm
Dimorfismo: sim
Habitat: florestas altas, capoeiras e jardins.
Alimentação: alimenta-se de néctar.
Foto: Cordeiro.
Espécie Nativa.

Beija-flor-de-peito-azul (*Amazilia lactea*)

Coloração: peito azul, com faixa branca estendendo-se até a barriga; alguns tons de verde no dorso e na cabeça.

Tamanho: 8 a 11 cm

Dimorfismo: não

Habitat: áreas abertas, bordas de florestas, cidades, jardins e parques; altamente adaptável a bebedouros.

Alimentação: néctar, consumido também de plantas introduzidas e rasteiras, pois é um pássaro que pode voar bem baixo; é muito atraído pela planta camarãozinho-vermelho (*Justicia brandegeeana*); também frequenta bebedouros.

Foto: Cordeiro, na APA da Mata do Posto Zootécnico.

Espécie nativa.

Beija-flor-preto (*Florisuga fusca*)

Coloração: contraste marcante entre a coloração preta e a cauda branca; a parte inferior das asas também possui cor branca.

Tamanho: 12,5 cm

Dimorfismo: não

Habitat: beira de mato, capoeiras, jardins, geralmente na copa de arvores altas.

Alimentação: néctar de flores e pequenos invertebrados, como aracnídeos; frequenta bebedouros.

Foto: Cordeiro.

Espécie nativa.

Beija-flor-rabo-branco-acanelado (*Phaethornis pretrei*)

Coloração: duas faixas pardas na região da face e uma faixa negra na altura da garganta; partes superiores da cauda cor de canela, uniforme; parte superior esverdeada; cauda longa e negra, com pontas das penas brancas.
Tamanho: 15 cm
Dimorfismo: não
Habitat: áreas semi-abertas, bordas de florestas úmidas e semi-decíduas, matas ciliares, parques e jardins.
Alimentação: Néctar de flores e, também, pequenos artrópodes.
Foto: Cantagalo. Espécie nativa.

Beija-flor-tesoura (*Eupetomena macroura*)

Coloração: cabeça, pescoço e parte superior do tórax em azul profundo; asa castanho-escuro e cauda azul-escuro.
Tamanho: 15 a 19 cm
Dimorfismo: não
Habitat: áreas semiabertas, bordas de florestas, capoeiras, parques e jardins, até mesmo em grandes centros urbanos.
Alimentação: néctar e pequenos insetos.
Foto: Cordeiro. Espécie nativa.

Besourinho-de-bico-vermelho (*Chlorostilbon lucidus*)

Coloração: característico bico vermelho com ponta negra; macho com plumagem verde brilhante no dorso e ventre com um brilho dourado na fronte e tom azulado na garganta; fêmea com uma linha branca atrás dos olhos e ponta da cauda esbranquiçada, ventre e gargantas cinza.

Tamanho: 7,5 a 10,5 cm

Dimorfismo: sim

Habitat: capoeiras ralas, áreas abertas, quintais e jardins floridos.

Alimentação: néctar de flores, insetos e aranhas.

Foto: Cordeiro.

Espécie nativa.

Família TROGLODYTIDAE

Família da Ordem PASSERIFORMES, composta por pequenos pássaros de bico fino e plumagem não chamativa, podendo viver solitários ou em casais, com canto melodioso.

Corruíra (*Troglodytes musculus*)

Coloração: parda
Tamanho: 10 a 13 cm
Dimorfismo: não
Habitat: bordas de matas, cerrados, caatingas, áreas alagadas e áreas verdes urbanas, próximas a residências.
Alimentação: insetos pequenos, pequenas aranhas, e, às vezes, até filhotes de lagartixa.
Foto: Cordeiro. Espécie nativa.

Família TROGONIDAE

Família da Ordem TROGONIFORMES, com aves tropicais de plumagem colorida, bico forte e curto, olhos grandes, corpo compacto e cauda longa.

Surucuá-variado (*Trogon surrucura aurantius*)

Coloração: macho com peito e anel periorbital amarelos; dorso azul e rabo com penas brancas na parte interna; fêmea é acinzentada, com barriga em amarelo menos intenso.
Tamanho: entre 26 a 28 cm
Dimorfismo: sim
Habitat: matas e cerrados
Alimentação: insetos, vermes, moluscos e frutas, especialmente do palmito juçara.
Foto: Cordeiro, APA da Mata do Posto Zootécnico
Espécie nativa.

Família TURDIDAE

Família da Ordem PASSERIFORMES com aves de canto melódico, com grande dispersão pelo planeta, sendo algumas espécies migratórias.

Sabiá-barranco
(*Turdus leucomelas*)

Coloração: acinzentado no dorso e peito; amarronzado nas asas; garganta branca com listras cinza-escuro; olhos vermelhos; área alaranjada na parte interna das asas.
Tamanho: 22 cm
Dimorfismo: não
Habitat: beirada de mata, parques, matas de galeria, coqueirais e cafezais.
Alimentação: minhocas e artrópodes; frequenta comedouros com frutas.
Foto: Cordeiro.
Espécie nativa.

Sabiá-laranjeira (*Turdus rufiventris*)

Coloração: parda, exceto pelo ventre em tom vermelho-ferrungem, levemente alaranjado.
Tamanho: 20 a 25 cm
Dimorfismo: não
Habitat: bordas de florestas, parques, quintais e áreas urbanas arborizadas.
Alimentação: Insetos, larvas, minhocas e frutas maduras, incluindo frutas cultivadas como o mamão, a laranja e o abacate, além de frutos de várias espécies de palmeiras nativas exóticas; frequenta comedouros com frutas.
Foto: Cordeiro. Espécie nativa.

Sabiá-una (*Turdus flavipes*)

Coloração: macho preto com costas e barriga acinzentada; a fêmea tem o dorso marrom oliváceo e marrom amarelado nas partes inferiores, possuindo a garganta estriada de marrom-escuro; ambos possuem anel periorbital amarelo, bem nítido.
Tamanho: 20,5 cm
Dimorfismo: sim
Habitat: mata, regiões montanhosas, na copa e nas bordas de florestas, capoeiras, e plantações de café.
Alimentação: aprecia frutos de palmito, abacate, mamão, magnólia-amarela (*Michelia champaca*) e outros.
Foto: Cordeiro.
Espécie nativa.

Família TYRANNIDAE

Família da Ordem PASSERIFORMES, numerosa e restrita ao continente americano. Sendo um grupo muito diversificado, apresenta hábitos também muito variados.

Bem-te-vi
(*Pitangus sulphuratus*)

Coloração: barriga em amarelo vivo, em contraste com o dorso pardo; sobrancelha branca, bico preto e achatado; possui uma crista amarela, que só levanta em certas situações.
Tamanho: 20,5 a 25 cm
Dimorfismo: não
Habitat: encontrados em áreas urbanas, matas densas e ambientes aquáticos, como lagoas, rios e praias; bem adaptado à cidade.
Alimentação: insetos em geral, frutas, como bananas, mamões, maçãs, laranjas, pitangas; ovos e até mesmo filhotes de outras aves; pequenos peixes e girinos de pouca profundidade; crustáceos e minhocas.
Foto: Cordeiro. Espécie nativa.

Bem-te-vi-rajado (*Myiodynastes maculatus*)

Coloração: plumagem rajada; bico preto; sobrancelha branca; cauda avermelhada.
Tamanho: 20 a 25 cm
Dimorfismo: não
Habitat: parte interna de matas ciliares, bordas de matas secundárias, florestas de galeria ou matas de várzea; pode frequentar a área urbana arborizada.
Alimentação: insetos, como cigarras, frutos da canela-amarela, bananas maduras da embaúba.
Foto: Cordeiro, APA da Mata do Posto Zooténico.
Espécie nativa e migratória em algumas regiões.

Bentevizinho-de-penacho-vermelho (*Myiozetetes similis*)

Coloração: larga faixa superciliar branca, topo da cabeça amarronzado, com um faixa vermelha na forma de penacho; máscara negra na face; dorso marrom oliváceo; garganta esbranquiçada e barriga amarela.
Tamanho: 16 a 18,5 cm
Dimorfismo: não
Habitat: tem preferência por matas mais preservadas, pode frequentar áreas urbanas muito arborizadas.
Alimentação: insetos e pequenas frutas.
Foto: Cordeiro. Espécie nativa.

Enferrujado (*Lathrotriccus euleri*)

Coloração: amarronzado ou marrom esverdeado no dorso; cabeça marrom-castanho, em tom ligeiramente mais escuro que o do corpo; peito e ventre esverdeados com asas no mesmo tom, porém, mais escuras; mandíbula inferior amarelada.
Tamanho: 12,7 a 13,5 cm
Dimorfismo: não
Habitat: interior de mata, observado a pouca altura do solo.
Alimentação: insetos capturados no ar.
Foto: Cantagalo. Espécie nativa e migratória.

Filipe (*Myiophobus fasciatus*)

Coloração: peito estriado, dorso ruivo e topete amarelo no alto da cabeça, de difícil visualização.
Tamanho: 12,5 cm
Dimorfismo: não
Habitat: não adentra interior de ambientes florestados, ficando nas bordas e em áreas de cerrados; frequenta locais alterados, em especial, em primeiro estágio recuperação.
Alimentação: insetívoro, capturando os insetos em voo.
Foto: Cantagalo. Espécie nativa.

Gibão-de-couro (*Hirundinea ferrugínea*)

Coloração: ferrugem, com tons que variam para cinza-escuro, com asas e caudas mais escuras; peito mais avermelhado; bico preto.

Tamanho: 16 a 18 cm

Dimorfismo: não

Habitat: áreas urbanas, paredões rochosos e montanhas.

Alimentação: insetos no ar.

Foto: Cordeiro. Espécie nativa

Guaracava-de-barriga-amarela (*Elaenia flavogaster*)

Coloração: dorso oliváceo, duas faixas brancas nas asas e característico topete acinzentado; garganta branca e ventre amarelado.
Tamanho: 16 cm
Dimorfismo: não
Habitat: áreas florestadas, bordas, matas secas e úmidas; está presente em todos os biomas do Brasil; bem adaptado a centro urbanos, vivendo em arvores de locais movimentados.
Alimentação: pequenos insetos e frutos, em especial da erva-de-passarinho.
Foto: Cordeiro, na APA da Mata do Posto Zootécnico. Espécie nativa.

Lavadeira-mascarada (*Fluvicola nengeta*)

Coloração: cabeça branca, com faixa negra através dos olhos; corpo branco azinzentado claro; asas em castanho-escuro e rabo preto e branco.
Tamanho: 14,5 a 16 cm
Dimorfismo: não
Habitat: ambientes próximos a rios ou lagoas, podendo ser encontrada em parques, jardins em centros urbanos arborizados e em áreas bem abertas.
Alimentação: pequenos artrópodes.
Foto: Cordeiro. Espécie nativa.

Maria-cavaleira (*Myiarchus ferox*)

Coloração: garganta e partes superiores em cinza, barriga amarela e dorso escuro; a cauda é longa e possui mesma coloração do dorso. Nas asas, tem duas faixas mais claras.
Tamanho: 19 cm
Dimorfismo: não
Habitat: áreas abertas, bordas de florestas, podendo ocupar da copa até os estratos mais baixos.
Alimentação: insetos alados capturados em voo e pequenos frutos.
Foto: Cordeiro. Espécie nativa.

Maria-cavaleira-de-rabo-enferrujado (*Myiarchus tyrannulus*)

Coloração: característica borda larga nas penas; nas asas, tem uma linha marrom avermelhada (ou enferrujada); barriga amarelada e garganta clara.

Tamanho: 22 cm

Dimorfismo: não

Habitat: mata seca, bordas de florestas.

Alimentação: insetos capturados em voos e pequenos frutos.

Foto: Cordeiro. Espécie nativa.

Neinei (*Megarynchus pitanguá*)

Coloração: amarelo vivo na parte da barriga; dorso pardo; sobrancelha branca; bico grande, preto e chato, que o diferencia do bem-te-vi.
Tamanho: 21 a 23 cm
Dimorfismo: não
Habitat: bordas de florestas, copas de árvores e áreas urbanas arborizadas.
Alimentação: insetos e frutinhas, podendo pescar pequenos peixes e caçar pequenos lagartos e filhotes de outras aves.
Foto: Cordeiro. Espécie nativa e migratória.

Risadinha (*Camptostoma obsoletum*)

Coloração: cabeça mais acinzentada do que as costas, que são levemente esverdeadas nos jovens; linha escura atrás dos olhos, ressaltando a sobrancelha larga; bico escuro na ponta e com a base alaranjada; barriga amarelada nos jovens, que tende ao cinza quando adultos; duas listras nas asas que vão do marrom (nos jovens) ao amarelado ou cinza (nos adultos).
Tamanho: 9,5 cm
Dimorfismo: não
Habitat: copas de árvores, bordas de florestas.
Alimentação: invertebrados e frutos.
Foto: Cordeiro. Espécie nativa.

Suiriri (*Tyrannus melancholicus*)

Coloração: cabeça cinza, garganta clara e faixa escura na altura dos olhos; verde-oliva no dorso e amarelo na barriga.

Tamanho: 18 a 24,5 cm

Dimorfismo: não

Habitat: bordas de matas, áreas abertas e urbanas com arborização.

Alimentação: insetos e frutos.

Foto: Cordeiro, APA da Mata do Posto Zootécnico.

Espécie nativa.

Tesourinha (*Tyrannus savana*)

Coloração: possui capuz negro com faixa amarela no topo da cabeça; garganta e partes inferiores brancas e dorso cinza; discreto dimorfismo em que o macho possui prolongamento das penas externas da cauda.
Tamanho: 40 cm, com aproximadamente 29 cm de cauda.
Dimorfismo: sim (mas só se observa quando macho e fêmea estão próximos)
Habitat: áreas abertas, bordas de matas, campos com árvores e também cidades.
Alimentação: pequenos frutinhos, em especial erva de passarinho e insetos capturados em voos.
Foto: Cordeiro, na APA da Mata do Posto Zootécnico. Espécie nativa, migratória.

Viuvinha (*Colonia colonus*)

Coloração: preto com alto da cabeça branco, de forma contrastante; apresenta uma mancha branca acima do rabo.

Tamanho: 23 a 28 cm

Dimorfismo: não

Habitat: mata seca, mata ciliar; comum em pequenas clareiras de regiões florestadas, bordas de florestas e capoeiras, geralmente no alto de árvores mortas.

Alimentação: insetos.

Foto: Cordeiro, APA da Mata do Posto.

Espécie nativa.

Família VIREONIDAE

Família da Ordem PASSERIFORMES, que podem viver solitários ou em casais. Algumas espécies podem ser migratórias e acompanhar bandos mistos.

Juruviara (*Vireo chivi*)

Coloração: amarelo esverdeado bem apagado e barriga cinza claro; sobrancelha branca, com linha negra passando pelos olhos.

Tamanho: 14 cm

Dimorfismo: não

Habitat: estrato médio das florestas.

Alimentação: insetos pequenos, aranhas e, às vezes, frutinhos ou pedaços de frutos grandes, como o da embaúba.

Foto: Cordeiro, APA da Mata do Posto Zootécnico

Espécie nativa e migratória.

Família XENOPIDAE

Família pouco numerosa da Ordem PASSERIFORMES, com aves de plumagem parda, pés fortes e bicos virados para cima. Podem viver solitários, em casais ou em bandos mistos.

Bico-virado-carijó (*Xenops rutilans*)

Coloração: partes inferiores apresentam um marcado estriado em contraste com o dorso marrom avermelhado; seu bico é virado para cima.

Tamanho: 12 cm

Dimorfismo: não

Habitat: matas úmidas, evita áreas excessivamente abertas.

Alimentação: insetos e aracnídeos de pequeno porte.

Foto: Cordeiro, na APA da Mata do Posto Zootécnico.

Espécie nativa.

Agradecimentos

Aos meus pais e minha irmã, pelo apoio e incentivo.

A Bruna, por sempre me acompanhar, incentivar, ajudar nos registros e topar as aventuras.

Ao amigo Moisés Rodrigues, pela companhia nas passarinhadas e pelos lifers.

Ao amigo Franco Estebanez, pelas fotos aéreas de Cordeiro.

Índice remissivo

NOME POPULAR

Alma-de-gato 40
Andorinha-pequena-de-casa 58
Andorinha-serradora 59
Anu-branco 41
Anu-preto 42
Araçari-de-bico-branco 86
Arapaçu-escamado 44
Barbudo-rajado 26
Beija-flor-de-banda-branca 118
Beija-flor-de-fronte-violeta 119
Beija-flor-de-peito-azul 120
Beija-flor-preto 121
Beija-flor-rabo-branco-acanelado 122
Beija-flor-tesoura 123
Bem-te-vi 134
Bem-te-vi-rajado 135
Bentivizinho-de-penacho-vermelho 136
Besourinho-de-bico-vermelho 124
Bico-chato-de-orelha-preta 89
Bico-virado-carijó 152
Caburé 92
Cambacica 99
Canário-da-terra 100
Carcará 48
Cardeal-do-nordeste 101
Carrapateiro 49
Casaca-de-couro-da-lama 54
Cauré 50
Choca-da-mata 95
Choca-listrada 96
Chorozinho-de-asa-vermelha 97
Coleirinho 102
Corruíra 126
Corujinha-do-mato 93
Enferrujado 137
Filipe 138
Fim-fim 52
Frango-d'água-comum 83

Garça-branca-grande 23
Garça-real 22
Garibaldi 61
Gavião-bombachinha 19
Gavião-carijó 18
Gibão-de-couro 139
Gralha-do-campo 36
Guaracava-de-barriga-vermelha 140
Guaxe 62
Jaçanã 64
Jacuaçu 38
Japacanim 46
João-de-barro 55
João-de-pau 56
Juruviara 150
Lavadeira-mascarada 141
Maitaca-verde 79
Maracanã-verdadeira 80
Maria-cavaleira 142
Maria-cavaleira-de-rabo-enferrujado 143
Mariquita 66
Neinei 144
Pardal 69
Periquitão-maracanã 81
Pica-pau-anão-barrado 73
Pica-pau-branco 71
Pica-pau-verde-barrado 72
Picapauzinho-de-testa-pintada 74
Pomba-asa-branca 33
Pula-pula 67
Quero-quero 31
Rendeira 76
Risadinha 145
Rolinha-roxa 34
Sabiá-barranco 130
Sabiá-laranjeira 131
Sabiá-una 132
Saí-andorinha 103
Saí-azul 104
Saíra-amarela 105
Saíra-de-chapeu-preto 106
Saíra-douradinha 107

Saíra-ferrugem ... 108
Saíra-viuva ... 109
Sanhaçu-cinzento ... 110
Sanhaçu-de-encontro-amarelo ... 112
Sanhaçu-do-coqueiro ... 111
Saracura-do-mato ... 84
Socozinho ... 24
Sovi ... 20
Suiriri ... 146
Surucuá-variado ... 128
Tangará ... 77
Teque-teque ... 90
Tesourinha ... 147
Tiê-preto ... 113
Tiê-sangue ... 114
Tietinga ... 115
Tiziu ... 116
Tucanaçu ... 87
Urubu-de-cabeça-amarela ... 29
Urubu-de-cabeça-preta ... 28
Viuvinha ... 148

NOME CIENTÍFICO

Amazilia láctea ... 120
Amazilia versicolor ... 118
Aramides saracura ... 84
Ardea alba ... 23
Basileuterus culicivorus ... 67
Butorides striata ... 24
Cacicus haemorrhous ... 62
Camptostoma obsoletum ... 145
Caracara plancus ... 48
Cathartes burrovianus ... 29
Chiroxiphia caudata ... 77
Chlorostilbon lucidus ... 124
Chrysomus ruficapillus ... 61
Cissopis leverianus ... 115
Coereba flaveola ... 99
Colaptes melanochloros ... 72
Colonia colonus ... 148
Columbina talpacoti ... 34

Coragyps atratus 28
Crotophaga ani 42
Cyanocorax cristatellus 36
Dacnis cayana 104
Donacobius atricapilla 46
Elaenia flavogaster 140
Eupetomena macroura 123
Euphonia chlorotica 52
Falco rufigularis 50
Florisuga fusca 121
Fluvicola nengeta 141
Furnarius figulos 54
Furnarius rufus 55
Gallinula galeata 83
Glaucidium brasilianum 92
Guira guira 41
Harpagus diodon 19
Hemithraupis ruficapilla 108
Herpsilochmus rufimarginatus 97
Hirundinea ferrugínea 139
Ictinia plúmbea 20
Jacana jacana 64
Lathrotriccus euleri 137
Lepidocolaptes squamatus 44
Malacoptila striata 26
Manacus manacus 76
Megarynchus pitanguá 144
Megascops choliba 93
Melanerpes candidus 71
Milvago chimachima 49
Myiarchus ferox 142
Myiarchus tyrannulus 143
Myiodynastes maculatus 135
Myiophobus fasciatus 138
Myiozetetes similis 136
Nemosia pileata 106
Paroaria dominicana 101
Passer domesticus 69
Patagioenas picazuro 33
Penelope obscura 38
Phacellodomus rufifrons 56
Phaethornis pretrei 122

Piaya cayana 40
Picumnus cirratus 73
Pilherodius pileatus 22
Pionus maximiliani 79
Pipraeidea melanonota 109
Pitangus sulphuratus 134
Primolius maracanã 80
Psittacara leucophthalmus 81
Pteroglossus aracari 86
Pygochelidon cyanoleuca 58
Ramphastos toco 87
Ramphocelus bresilius 114
Rupornis magnirostris 18
Setophaga pitiayumi 66
Sicalis flaveola 100
Sporophila caerulescens 102
Stelgidopteryx ruficollis 59
Tachyphonus coronatus 113
Tangara cayana 105
Tangara cyanoventris 107
Tangara ornata 112
Tangara palmarum 111
Tangara sayaca 110
Tersina viridis 103
Thalurania glaucopis 119
Thamnophilus caerulescens 95
Thamnophilus palliatus 96
Todirostrum poliocephalum 90
Tolmomyias sulphurescens 89
Troglodytes musculus 126
Trogon surrucura 128
Turdus flavipes 132
Turdus leucomelas 130
Turdus rufiventris 131
Tyrannus melancholicus 146
Tyrannus savana 147
Vanellus chilensis 31
Veniliornis maculifrons 74
Vireo chivi 150
Volatinia jacarina 116
Xenops rutilans 152

Check list: marque aqui as espécies que observar

Alma-de-gato		Filipe		Risadinha	
Andorinha-pequena-de--casa		Fim-fim		Rolinha-roxa	
Andorinha-serradora		Frango-d'água		Sabiá-barranco	
Anu-branco		Garça-branca-grande		Sabiá-laranjeira	
Anu-preto		Garça-real		Sabiá-uma	
Araçari-de-bico-branco		Garibaldi		Saí-andorinha	
Arapaçu-escamado		Gavião-bombachinha		Saí-azul	
Barbudo-rajado		Gavião-carijó		Saíra-amarela	
Beija-flor-de-banda-branca		Gibão-de-couro		Saíra-de-chapeu-preto	
Beija-flor-de-fronte-violeta		Gralha-do-campo		Saíra-douradinha	
Beija-flor-de-peito-azul		Guaracava-de-barriga-vermelha		Saíra-ferrugem	
Beija-flor-preto		Guaxe		Saíra-viuva	
Beija-flor-rabo-branco-acanelado		Jaçanã		Sanhaçu-cinzento	
Beija-flor-tesoura		Jacuaçu		Sanhaçu-de-encontro-amarelo	
Bem-te-vi		Japacanim		Sanhaçu-do-coqueiro	
Bem-te-vi-rajado		João-de-barro		Saracura-do-mato	
Bentivizinho-de-penacho--vermelho		João-de-pau		Socozinho	
Besourinho-de-bico-vermelho		Juruviara		Sovi	
Bico-chato-de-orelha-preta		Lavadeira-mascarada		Suiriri	
Bico-virado-carijó		Maitaca-verde		Surucuá-variado	
Caburé		Maracanã-verdadeira		Tangará	
Cambacica		Maria-cavaleira		Teque-teque	
Canário-da-terra		Maria-cavaleira-de-rabo--enferrujado		Tesourinha	
Carcará		Mariquita		Tiê-preto	
Cardeal-do-nordeste		Neinei		Tiê-sangue	
Carrapateiro		Pardal		Tietinga	
Casaca-de-couro-da-lama		Periquitão-maracanã		Tiziu	
Cauré		Pica-pau-anão-barrado		Tucanaçu	
Choca-da-mata		Pica-pau-branco		Urubu-de-cabeça-amarela	
Choca-listrada		Pica-pau-verde-barrado		Urubu-de-cabeça-preta	
Chorozinho-de-asa-vermelha		Picapauzinho-de-testa--pintada		Viuvinha	
Coleirinho		Pomba-asa-branca			
Corruíra		Pula-pula			
Corujinha-do-mato		Quero-quero			
Enferrujado		Rendeira			